Las Doctrinas Claves de la Vida Cristiana

Las Enseñanzas Bíblicas para la Vida Piadosa y el Ministerio Bíblico

Edición del Maestro

Pastor Jeremy Markle

Los Ministerios de Andando en la PALABRA

Pastor Jeremy Markle
www.walkinginthewordministries.net

Las Doctrinas Claves
de la Vida Cristiana

Las Enseñanzas Bíblicas
para la Vida Piadosa y el Ministerio Bíblico

Edición del Maestro

Publicado por Los Ministerios de Andando en la PALABRA
Walking in the WORD Ministries
www.walkinginthewordministries.net

Impreso en los Estados Unidos.

ISBN: 978-0998064628

INDICE

INTRODUCCIÓN

Las Sagradas Escrituras nos enseñan que es por el conocimiento de Dios y Jesucristo que cada creyente tiene todo lo necesario por la vida cristiana cuando nos dice, *"Gracia y paz os sean multiplicadas, en el conocimiento de Dios y de nuestro Señor Jesús. Como todas las cosas que pertenecen a la vida y a la piedad nos han sido dadas por su divino poder, mediante el conocimiento de aquel que nos llamó por su gloria y excelencia"* (*II Pedro 1:2-3*). Por lo tanto, cada creyente debe reconocer la importancia y autoridad de las Escrituras en su vida como la revelación de Dios de Si mismo y su plan perfecta para el hombre (*II Timoteo 3:14-17, II Pedro 1:15-21*). También, cada creyente debe estar deseoso de estudiar y aprender de las enseñanzas claves de las Escrituras porque *"el Espíritu dice claramente que en los postreros tiempos algunos apostatarán de la fe, escuchando a espíritus engañadores y a doctrinas de demonios; por la hipocresía de mentirosos que, teniendo cauterizada la conciencia"* (*I Timoteo 4:1-2*). *"Amados, por la gran solicitud que tenía de escribiros acerca de nuestra común salvación, me ha sido necesario escribiros exhortándoos que contendáis ardientemente por la fe que ha sido una vez dada a los santos. Porque algunos hombres han entrado encubiertamente, los que desde antes habían sido destinados para esta condenación, hombres impíos, que convierten en libertinaje la gracia de nuestro Dios, y niegan a Dios el único soberano, y a nuestro Señor Jesucristo"* (Judas 1:3-4).

Es de suma importancia que cada creyente estudia las creencias básicas a la vida cristiana por estudiar los pasajes claves de cada tema. Es la meta de este estudio que cada usuario pueda reconocer y entender las creencias básicas de la Fe y aplicarlas a su vida diaria.

LAS SAGRADAS ESCRITURAS
II Timoteo 3:14-17, II Pedro 1:2-4, 15-21

1. Es establecido que las Escrituras de los 39 libros del Antiguo y los 27 libros del Nuevo Testamento son <u>inspirados</u> verbalmente en todas sus partes por Dios a través de los santos hombres y que son inerrables en sus escritos originales *(I Tim. 3:16-17, II Ped. 1:15-21, Pro. 30:5, Mat. 5:17-19, Juan 10:34-36)*.

   ✎ II Timoteo 3:16-17 - "***Toda la Escritura es inspirada por Dios***"

   ✎ II Pedro 1:15-21 - "***los santos hombres de Dios hablaron siendo inspirados por el Espíritu Santo.***"

2. La Biblia enseña que las Escrituras están <u>completas</u> y que no hay necesidad ni provisión para más revelación hoy en día *(I Cor. 13:8-10, Apo. 22:18-19)*.

   ✎ I Corintios 13:8-10 - "***las profecías se acabarán, y cesarán las lenguas, y la ciencia acabará. Porque en parte conocemos, y en parte profetizamos; mas cuando venga lo perfecto, entonces lo que es en parte se*** <u>***acabará***</u>."

   ✎ Apocalipsis 22:18-19 - "***Si alguno*** <u>***añadiere***</u> ***a estas cosas, Dios traerá sobre él las plagas que están escritas en este libro. Y si alguno*** *quitare de las palabras del libro de esta profecía, Dios quitará su parte del libro de la vida,"*

3. La Biblia enseña que las Escrituras son vivas y poderosas para cambiar el corazón del hombre *(Heb. 4:12, Sal. 19:1-11, 119:9-11, Rom. 10:17).*

   ✑ Salmos 19:1-11 - *"La ley de Jehová es perfecta, que convierte el alma; El testimonio de Jehová es fiel, que hace sabio al sencillo. Los mandamientos de Jehová son rectos, que alegran el corazón; El precepto de Jehová es puro, que alumbra los ojos."*

   ✑ Hebreos 4:12 - *"la palabra de Dios es viva y eficaz"*

   ✑ Salmos 119:9-11 - *"¿Con qué limpiará el joven su camino? Con guardar tu palabra."*

4. La Biblia enseña que las Escrituras son preservadas por Dios a través de todas las edades en la multiplicidad de los manuscritos en los idiomas originales (Hebreo y Griego) y que son relevantes hoy en día y a través de toda la eternidad *(Sal. 12:6-7, 33:11, 100:5, 119:89, Mat. 5:17-19).*

   ✑ Salmos 12:6-7 - *"Tú, Jehová, los guardarás; De esta generación los preservarás para siempre"*

✎ Mateo 5:17-19 - *"hasta que pasen el cielo y la tierra, ni una jota ni una tilde <u>pasará</u> de la ley, hasta que todo se haya cumplido."*

5. La Biblia enseña que las Escrituras <u>completan</u> la revelación de Dios al hombre que Él mismo empezó en la creación y son necesarias para la revelación del Evangelio y la vida nueva que Dios provee al hombre después de la salvación *(Sal. 19:1-6, Hech. 17:22-31, Rom. 1:18-2:16 / Rom. 10:13-17, Sal. 19:1-14, II Tim., 3:14-17).*

   ✎ Romanos 1:18-2:16 - *"las cosas invisibles de él, su eterno <u>poder</u> y <u>deidad</u>, se hacen claramente visibles desde la creación del mundo"*

   ✎ Romanos 10:13-17 - *"¿Y cómo oirán sin haber quien les <u>predique</u>? ... Así que la fe es por el oír, y el oír, por la <u>palabra</u> de Dios."*

6. La Biblia enseña que las Escrituras no son para interpretaciones <u>privadas</u>, sino para todos los hombres. Ellas deben ser leídas y entendidas según la interpretación normal y literal en el contexto de cada pasaje con todas las Escrituras al alcance y siendo guiado por el Espíritu Santo *(II Ped. 1:15-21, Juan 16:13, II Cor. 4:13).*

   ✎ II Pedro 1:15-21 - *"ninguna profecía de la Escritura es de interpretación <u>privada</u>"*

   ✎ Juan 16:13 - *"el Espíritu de verdad, él os <u>guiará</u> a toda la verdad;"*

7. Es establecido que la interpretación de las Escrituras según un entendimiento de las dispensaciones es la mejor forma para entender la manera en que Dios está trabajando a través de la historia con el hombre. Cada dispensación representa el progreso de la revelación de Dios para el hombre y su responsabilidad en obedecer. El dispensacionalismo nos ayuda a determinar las diferencias entre Israel, la Iglesia, las instrucciones y las promesas que aplican a cada época mientras mantiene la redención a través de toda la historia que es el sacrificio de Jesucristo en la cruz (en el Antiguo Testamento–la fe y la esperanza para esperar por el Mesías, y en el Nuevo Testamento–la fe para aceptar que Jesucristo es el Mesías) *(Gál. 3:11-26, Efe. 1:8-11, 3:2-12, Col. 1:25-28)*.

✎ Efesios 1:8-11 - *"dándonos a conocer el misterio de su voluntad, según su beneplácito, el cual se había propuesto en sí mismo, de reunir todas las cosas en Cristo, en la dispensación del cumplimiento de los tiempos, así las que están en los cielos, como las que están en la tierra."*

✎ Efesios 3:1-12 - *"me fue dada esta gracia de anunciar entre los gentiles el evangelio de las inescrutables riquezas de Cristo, y de aclarar a todos cuál sea la dispensación del misterio escondido desde los siglos en Dios,"*

8. La Biblia enseña que las Escrituras son las únicas reglas de fe y práctica para cada individuo y para la Iglesia de hoy *(Salmo 19:7-11, Gál. 1:6-9, II Tim. 3:16-17, II Ped. 1:2-4, 15-21).*

✎ Gálatas 1:6-9 - *"si aun nosotros, o un ángel del cielo, os anunciare otro evangelio diferente del que os hemos anunciado, sea anatema."*

✎ II Timoteo 3:16-17 - *"Toda la Escritura es inspirada por Dios, y útil ... a fin de que el hombre de Dios sea perfecto, enteramente preparado"*

✎ II Pedro 1:2-4 - *"todas las cosas que pertenecen a la vida y a la piedad nos han sido dadas por su divino poder, mediante el conocimiento de aquel que nos llamó por su gloria y excelencia,"*

EL DIOS VERDADERO
Jeremías 10:10, Hechos 17:22-31

1. La Biblia enseña que el Dios es el <u>único</u> Dios verdadero Quien existe por toda la eternidad *(Exo. 20:1-6, Isa. 44:6, Jer. 10:10, Hech. 17:22-31, Sal. 90:2, Efe. 4:6, Heb. 1:10-12, Apo. 1:8, 4:8-11).*

    ✎ Isaías 44:6 - *"__Así dice Jehová Rey de Israel, y su Redentor, Jehová de los ejércitos: Yo soy el <u>primero</u>, y yo soy el <u>postrero</u>, y fuera de mí <u>no</u> hay Dios.__"*

    ✎ Jeremías 10:10 - *"__Mas Jehová es el Dios <u>verdadero</u>; él es Dios <u>vivo</u> y Rey <u>eterno</u>;__"*

    ✎ Apocalipsis 1:8 - *"__Yo soy el <u>Alfa</u> y la <u>Omega</u>, principio y fin, dice el Señor, el que <u>es</u> y que <u>era</u> y que ha de <u>venir</u>, el Todopoderoso.__"*

2. La Biblia revela que Dios es una <u>trinidad</u>, un Dios que existe en tres personas iguales: el Padre, el Hijo y el Espíritu Santo *(Gén. 1:26-27, 3:22, 11:7, Isa. 6:8, Juan 10:30, Mat. 3:16-17, 28:19-20, Rom. 8:1-17, II Cor. 13:14, Efe. 3:14-19).*

    ✎ Génesis 1:26-27 - *"__Entonces dijo Dios: Hagamos al hombre a <u>nuestra</u> imagen, conforme a <u>nuestra</u> semejanza__"*

    ✎ Mateo 3:16-17 - *"__Y <u>Jesús</u>, después que fue bautizado, subió luego del agua; y he aquí los cielos le fueron abiertos, y vio al <u>Espíritu</u> de <u>Dios</u> que descendía como paloma, y venía__* *sobre él. Y hubo una voz de los cielos, que decía: Este es mi Hijo amado, en quien tengo complacencia.*"

✎ II Corintios 13:14 - *"La gracia del Señor Jesucristo, el amor de Dios, y la comunión del Espíritu Santo sean con todos vosotros. Amén.*"

3. La Biblia enseña que Dios es el Creador y Sustentador de toda la vida y todo lo que existe, y que todo lo que hay es para Su gloria *(Gén. 1:1-27, Isa. 25-28, Juan 1:1-4, Hech. 17:22-31, Col 1:16-17, Heb. 1:10, Apo. 4:11).*

✎ Génesis 1:1 - *"En el principio creó Dios los cielos y la tierra.*"

✎ Hechos 17:22-31 - *"El Dios que hizo el mundo y todas las cosas que en él hay, siendo Señor del cielo y de la tierra,*"

✎ Colosenses 1:16-17 - *"Porque en él fueron creadas todas las cosas, las que hay en los cielos y las que hay en la tierra, visibles e invisibles ... todo fue creado por medio de él y para él. Y él es antes de todas las cosas, y todas las cosas en él subsisten;*"

4. La Biblia enseña que Dios, la Trinidad, creó el hombre a Su imagen *(Gén. 1:26-28).*

✎ Génesis 1:26-28 - *"Entonces dijo Dios: Hagamos al hombre a nuestra imagen, conforme a nuestra semejanza ... Y creó*

Dios al hombre a su imagen, a imagen de Dios lo creó;"

5. La Biblia enseña que Dios es <u>soberano</u> en todo como *"REY DE REYES Y SEÑOR DE SEÑORES"* y merece toda la gloria y honra *(Sal. 47:2-3, I Tim. 6:15-16, Apo. 4:1-11, 19:16, Col. 1:16-19, Exo. 34:13, Isa. 42:8, Rom. 11:34-36).*

✎ I Timoteo 6:15-16 - *"el bienaventurado y solo <u>Soberano</u>, Rey de reyes, y Señor de señores, el único que tiene inmortalidad, que habita en luz inaccesible;"*

✎ Apocalipsis 19:16 - *"escrito este nombre: <u>REY DE REYES Y SEÑOR DE SEÑORES.</u>"*

✎ Isaías 42:8 - *"Yo Jehová; este es mi nombre; y a otro no daré <u>mi</u> gloria, ni <u>mi</u> alabanza a esculturas."*

6. La Biblia enseña que Dios es <u>Santo</u> en todos Sus hechos y ser y que Su santidad es Su primer atributo *(Isa. 6:1-4, 40:25, Hab. 1:12-13, I Ped. 1:15-16, Apo. 4:1-11).*

✎ Isaías 6:1-4 - *"<u>Santo, santo, santo,</u> Jehová de los ejércitos; toda la tierra está llena de su gloria."*

✎ Isaías 40:25 - *"¿A qué, pues, me haréis semejante o me compararéis? dice el <u>Santo</u>."*

7. La Biblia enseña que los atributos de Dios consisten sin <u>limitación</u>: omnipresente, omnipotente, omnisciente, eterna, justicia, amor, misericordia, gracia (*Sal. 139:7-12 / Gén. 17:1 / Rom. 11:33-36 / Sal. 9:7 / II Tim. 4:8 / I Juan 4:7-12 / II Cor. 1:3-6 / Sal. 86:5 / I Ped. 5:10*).

✎ Salmos 139:7-12 - "*¿A dónde me iré de tu <u>Espíritu</u>? ¿Y a dónde huiré de tu <u>presencia</u>? Si subiere a los cielos, allí estás tú; Y si en el Seol hiciere mi estrado, he aquí, allí tú estás.*"

✎ Génesis 17:1 - "*Yo soy el Dios <u>Todopoderoso</u>*"

✎ Romanos 11:33-36 - "*Oh profundidad de las riquezas de la <u>sabiduría</u> y de la <u>ciencia</u> de Dios!*"

✎ Salmos 9:7 - "*Pero Jehová permanecerá para <u>siempre</u>*"

✎ II Timoteo 4:8 - "*me está guardada la corona de justicia, la cual me dará el Señor, juez <u>justo</u>,*"

✎ I Juan 4:7-12 - "*Dios es <u>amor</u>.*"

✎ II Corintios 1:3-6 - "*Bendito sea el Dios y Padre de nuestro Señor Jesucristo, Padre de <u>misericordias</u> y Dios de toda <u>consolación</u>,*"

✎ I Pedro 5:10 - "*el Dios de toda <u>gracia</u>,*"

8. La Biblia enseña que Dios nunca puede cambiar ni dejar de ser *(Num. 23:19, Mal. 3:6, Tito 1:2, Sant. 1:17).*

✎ Malaquías 3:6 - *"**Porque yo Jehová no cambio**"*

✎ Santiago 1:17 - *"**Padre de las luces, en el cual no hay mudanza, ni sombra de variación.**"*

DIOS PADRE
Juan 17:1-6, II Corintios 1:2-4

1. La Biblia enseña que Dios Padre recibió la gloria de la vida y obediencia de Jesucristo el Hijo *(Luc. 15:11-32, Juan 5:26-37, 12:49-50, 13:31-32, 14:31, 17:1-6, Fil. 2:9-11).*

   ✎ Juan 17:1-6 - *"Estas cosas habló Jesús ... Padre, la hora ha llegado; glorifica a tu Hijo, para que también tu Hijo te glorifique a ti ... Yo te he glorificado en la tierra; he acabado la obra que me diste que hiciese."*

   ✎ Filipenses 2:9-11 - *"y toda lengua confiese que Jesucristo es el Señor, para gloria de Dios Padre."*

2. La Biblia enseña que Dios Padre es la fuente del perdón de los pecados por enviar a Su Hijo a la cruz *(Luc. 15:11-32, Juan 3:15-18, Gal. 4:3-7, Col. 1:12-17, I Tim. 4:10, I Ped. 1:1-5, I Juan 4:9-10).*

   ✎ Gálatas 4:3-7 - *"Dios envió a su Hijo, nacido de mujer y nacido bajo la ley, para que redimiese a los que estaban bajo la ley, a fin de que recibiésemos la adopción de hijos."*

   ✎ I Pedro 1:1-5 - *"Bendito el Dios y Padre de nuestro Señor Jesucristo, que según su grande misericordia nos hizo renacer para una esperanza viva,"*

✎ I Juan 4:9-10 - *"En esto se mostró el amor de Dios para con nosotros ... en que él nos amó a nosotros, y envió a su Hijo en propiciación por nuestros pecados."*

3. La Biblia enseña que Dios Padre es el Padre espiritual de cada creyente *(Juan 1:12-13, Rom. 8:14-17, Gál. 4:3-7, Heb. 12:5-13, I Juan 3:1-3).*

✎ Juan 1:12-13 - *"les dio potestad de ser hechos hijos de Dios"*

✎ Romanos 8:14-17 - *"Porque todos los que son guiados por el Espíritu de Dios, éstos son hijos de Dios. Pues no habéis recibido el espíritu de esclavitud para estar otra vez en temor, sino que habéis recibido el espíritu de adopción, por el cual clamamos: ¡Abba, Padre!"*

✎ I Juan 3:1-3 - *"Mirad cuál amor nos ha dado el Padre, para que seamos llamados hijos de Dios; por esto el mundo no nos conoce, porque no le conoció a él."*

4. La Biblia enseña que Dios Padre es la fuente de gracia, paz, consuelo, misericordia y sabiduría para cada creyente *(Tito 1:4, II Cor. 1:2-4, Efe. 2:4-9, I Ped. 1:3, II Ped. 1:2, Sal. 111:10, Sant. 1:5-8).*

✎ II Corintios 1:2-4 - *"Gracia y paz a vosotros, de Dios nuestro Padre y del Señor Jesucristo. Bendito sea el Dios y Padre de nuestro Señor Jesucristo, Padre de misericordias y Dios de toda consolación,"*